신들의 재판

재미만만 그리스 로마 신화 3

신들의 재판

초판 1쇄 발행 2022년 1월 5일 | **초판 6쇄 발행** 2024년 11월 25일
글 김태호 | **그림** 이로우 | **감수** 김길수
발행인 이봉주 | **편집장** 안경숙 | **편집 및 디자인** 구름돌, 정혜란 | **마케팅** 정지운, 박현아, 원숙영, 김지윤, 황지영 | **제작** 신홍섭
펴낸곳 ㈜웅진씽크빅 | **주소** 경기도 파주시 회동길 20 (우)10881
문의전화 031)956-7523(편집), 031)956-7569, 7570(마케팅) | **홈페이지** www.wjjunior.co.kr
블로그 blog.naver.com/wj_junior | **페이스북** facebook.com/wjbook | **트위터** @new_wjjr | **인스타그램** @woongjin_junior
출판신고 1980년 3월 29일 제406-2007-00046호 | **제조국** 대한민국 | **사용 연령** 7세 이상

글ⓒ김태호, 2022 | 그림ⓒ이로우, 2022
저작권자와 맺은 특약에 따라 검인을 생략합니다.

웅진주니어는 ㈜웅진씽크빅의 유아·아동·청소년 도서 브랜드입니다.
이 책은 저작권법에 따라 보호받는 저작물이므로 무단 전재와 무단 복제를 금지하며,
이 책 내용의 전부 또는 일부를 이용하려면 반드시 저작권자와 ㈜웅진씽크빅의 서면 동의를 받아야 합니다.

ISBN 978-89-01-25507-1 · 978-89-01-25506-4(세트)
＊잘못 만들어진 책은 바꾸어 드립니다.

⚠ 주의 1. 책 모서리가 날카로워 다칠 수 있으니 사람을 향해 던지거나 떨어뜨리지 마십시오.
2. 보관 시 직사광선이나 습기 찬 곳은 피해 주십시오.

일러두기
1. 이 책에 나오는 인명 및 지명 등은 국립국어원에서 펴낸 「표준국어대사전」을 기준으로 삼았습니다.
2. 그 외의 명칭은 외래어 표기법의 규정을 따랐습니다.
3. 「신들의 재판」은 그리스 로마 신화를 소재로 가상의 상황을 설정하여 이야기화하였습니다.

신들의
재판

글 김태호 | 그림 이로우

웅진주니어

차례

세상과 신들의 탄생 … 7

제우스, 신들의 왕 탄생 … 38

프로메테우스, 인간을 탄생시키다 … 52

여자의 탄생, 판도라 … 62

새로운 인간의 탄생, 새로운 시작 … 70

계보에서 찾아라! … 90

세상과 신들의 탄생

제우스의 재판이 열린다. 세상 사람들의 관심은 온통 재판에 쏠렸다.

재판정 밖은 기자들과 구경꾼, 재판을 반대하는 사람들과 찬성하는 사람들, 신도 잘못하면 벌을 받아야 한다는 사람들과 신을 찬양하는 사람들, 박수와 노랫소리로 혼란스러웠다. 앞으로 무슨 일이 벌어질지 알 수 없는 대혼란이었다. 재판정 안도 복잡하긴 마찬가지였다. 재판정 안 방청석은 재판을 구경 온 사람들로 아침 일찍부터 꽉 찼다. 사진을 찍는 사람, 고대 그리스 복장을 한 사람, 다들 축제를 즐기는 듯했다.

　재판을 신청한 프로메테우스는 벌써 피해자석에 앉아 있었다. 프로메테우스의 덩치는 두세 사람을 합친 것 같았고, 앉은키가 보통 사람들 키보다 더 컸다. 살구색 양복을 깔끔하게 차려입고, 긴 머리칼을 질끈 묶어 예의를 갖춘 모습이었다. 하지만 처음 입어 본 양복이 불편한 듯 자꾸만 넥타이를 매만졌다.

"0319가합 9987041. 원고 프로메테우스와 피고 제우스는 참석하셨나요?"

판사가 재판정을 향해 물었다. 판사의 이름은 강심자. 대통령도 부자도 유명인도 법 앞에 평등하다는 판례를 남긴 존경받는 판사였다.

그런 강심자 판사도 지금 두려웠다. 신을 재판하다니……. 고개를 저으며 차라리 제우스가 나타나지 않기를 바랐다.

사람들은 제우스의 빈자리를 쳐다보았다.

"오전 10시까지 피고가 오지 않으면 이 재판은 연기하겠습니다."

강심자 판사의 말에 방청석이 술렁거렸다.

오전 10시! 시간이 되었다.

역시 제우스는 인간의 재판정에 나오지 않았다. 강심자 판사는 다행이라 생각하고는 기다렸다는 듯이 판사 봉을 들었다. 재판이 연기되었음을 선고하려고 판사 봉을 내려치려는 순간!

우르르 콰쾅쾅!

천둥 번개가 쳤다. 의자가 넘어가고 사람들이 놀라 달아나기도 했다. 강심자 판사도 깜짝 놀라 책상 밑에 숨어서는 판사 봉을 잡고 덜덜 떨었다.

 번개가 내리꽂힌 재판정엔 흰 연기가 자욱했다. 넓게 퍼져 있던 연기가 점점 한곳으로 모여들더니 야구 모자를 눌러쓴 평범한 남자아이로 바뀌었다. 그 아이는 해맑게 웃고 있었지만 몸에서 차갑고 매서운 기운이 퍼져 나왔다. 가까이 있던 사람들은 몸을 오들오들 떨면서 뒤로 물러났다.

"누, 누구십니까?"

강심자 판사가 의자에 슬그머니 앉으며 물었다.

"나 제우스!"

체구는 작았지만 목소리는 재판정을 쩌렁쩌렁 울렸다. 몇몇 사람은 손으로 귀를 막았다.

"재판정에서 반, 반말은 안 됩니다. 존댓말로……."

강심자 판사가 떨리는 목소리로 떠듬떠듬 말했다.

"존댓말? 그게 뭐야? 그런 거 몰라. 내가 누군지 몰라? 신들 중 제일 짱, 제우스라고."

아이는 엄지를 치켜들며 어깨를 으쓱였다.

"아……, 피, 피고 제우스? 본인 맞습니까?"

"원래 모습은 훨씬 더 크지. 여기 꽉 찰 거야. 원래 모습으로 바꿀까?"

남자아이 모습의 제우스가 재판정을 날카로운 눈빛으로 둘러보았다. 강심자 판사는 자기도 모르게 두 손을 마구 저었다. 신의 모습보다는 차라리 어린아이 모습일 때 재판을 하는 게 마음이 편할 것 같았다. 강심자 판사는 흐트러진 옷을 가다듬고 허리를 펴며 외쳤다.

"신들의 재판을 시작하겠습니다."

강심자 판사는 판사 봉을 힘차게 내리쳤다.

"원고는 소장의 내용을 진술해 주세요."

원고 프로메테우스가 자리에서 일어났다. 커다란 덩치 때문에 사람들은 모두 고개를 들어 올려다봐야 했다. 한쪽에서는 반가운 함성과 박수가 쏟아졌다.

"여러분들은 탄생의 신비로움에 대해 생각해 보셨나요?"

탄생의 신비로움이라니? 갑작스러운 질문에 사람들이 웅성거렸다. 프로메테우스는 잠시 재판정을 둘러보고 말을 이었다.

"제우스는 생명의 탄생과 신비로움 따위에 관심이 없습니다. 생명을 손바닥 뒤집듯 가볍게 생각합니다. 신과 인간의 탄생을 지켜봐 왔으면서 인간을 전부 멸망시키려 했고, 세 차례의 전쟁으로 신들까지 없애려 했습니다."

프로메테우스는 제우스를 노려봤다. 어린아이 모습의 제우스는 마냥 즐거운 표정으로 웃고만 있었다.

"제우스는 전쟁과 폭력에 미친 신입니다. 마땅히 벌을 받아야 합니다."

프로메테우스가 손가락으로 제우스를 가리켰다. 하지만 제우스는 아무 상관 없다는 듯이 주머니를 뒤적여 막대 사탕 하나를 꺼냈다.

"피고 제우스, 원고 프로메테우스의 말이 모두 맞습니까?"

강심자 판사가 물었다.

"몰라. 과거를 어떻게 다 기억해? 신들에게 과거는 몇천, 몇만 년 전 일이라고."

제우스는 막대 사탕을 쪽쪽거리며 빨아 먹었다.

강심자 판사는 제우스의 태도에 짜증이 났지만, 지적할 용기가 나지 않았다. 어린아이인데도 쩌렁쩌렁한 목소리에 기가 죽어 판사 자신이 자꾸만 작아지는 것 같았다.

 "아……, 아무것도 기억나지 않습니까? 그럼 지금까지 일어난 일들을 차근차근 따져 보는 게 좋겠습니다. 원고 프로메테우스에게 묻습니다. 제우스가 신의 탄생을 지켜봤다고요? 신들은 어떻게 탄생하게 되었나요?"

 판사의 말에 프로메테우스가 차분하게 이야기를 시작했다.

 "신들의 탄생을 알려면 먼저 세상이 어떻게 시작되었는지 알아야 합니다.

 세상이 생기기 전을 '카오스'라 부릅니다. 카오스는 혼돈 그 자체입니다. 텅 비었는데 꽉 찼고, 꽉 찼는데 또 아무것도 없는 무질서한 상태이지요. 흙과 물, 불과 바람, 공기가 마구 뒤엉킨 엉망진창의 덩어리입니다. 그래도 그 안에는 생명의 씨앗이 있었습니다. 최초의 신이자 자애로운 어머니 신 가이아가 스스로 생명을 얻어 탄생한 것입니다.

 그리고 혼돈의 카오스 속에서 우주의 질서라 불리는 '코스모스'가 탄생합니다. 질서는 땅과 바다를 나누고, 하늘을 떼어 냈습니다. 자연이 생겨난 것입니다."

"무질서인 카오스 속에서 질서인 코스모스가 생겨나고, 코스모스는 우리가 딛고 있는 이 땅과 하늘을 만들었다는 얘기군요?"

강심자 판사가 말했다.

"네, 그렇죠. 세상과 신의 탄생에 관해 더 자세한 이야기를 들려줄 참고인을 불러도 될까요?"

프로메테우스는 판사의 허락을 받고 허공을 향해 말했다.

"스스로 생명을 얻어 탄생한, 대지의 여신 가이아여!"

 갑자기 재판정 바닥에서 풀이 돋아났다. 놀란 사람들이 발을 들어 올렸고, 풀은 바닥 여기저기에서 계속 돋아났다. 재판정 바닥은 금방 흙 내음 가득한 들판으로 바뀌었다.

 들판에서 풀빛 드레스를 입은 신이 천천히 모습을 드러냈다. 대지의 여신 가이아였다.

 "와!"

 사람들은 눈앞에 펼쳐진 장면에 탄성을 쏟아 냈다.

"할머니다. 가이아 할머니!"

아이 모습의 제우스는 가이아를 보며 반갑게 뛰었다. 할머니란 말에 가이아 얼굴이 찡그러졌다. 가이아가 신경질적으로 손을 휘두르자 재판정은 다시 원래 모습으로 돌아왔다.

사실 할머니란 말이 틀린 것은 아니었다. 제우스는 가이아가 낳은 아들의 아들이었다. 풀빛 드레스를 입은 가이아가 증언석 앞으로 나서자 재판정은 풀빛으로 물들었다.

"당신이 최초의 신 가이아인가요?"

강심자 판사의 말에 가이아가 고개를 끄덕였다.

"그래요, 내가 가이아예요."

"좋습니다. 세상과 신의 탄생에 대해 이야기를 해 주시죠."

"내가 맨 처음 세상을 창조했어요. 땅을 정리해서 여러 개로 나누었고, 산을 일으켜 세웠어요."

가이아가 두 손을 올리자 바닥이 산처럼 불쑥 솟아올랐다.

"골짜기를 만들자 강이 흐르기 시작했어요. 숲과 샘을 필요한 곳에 만들었어요. 오오! 그러자 하늘에는 별이 반짝였고, 바다에는 물고기가 헤엄쳐 다녔어요. 생명은 있어야 할 곳에 더하지도 모자라지도 않은 모습으로 태어났어요. 하! 그 모습은 정말 신비롭고 아름다웠답니다."

가이아는 창조의 순간들을 떠올리며 눈을 반짝였다.

"세상의 탄생은 무척 놀랍군요."

강심자 판사의 말에 가이아는 옅은 미소를 지었다.

"후후, 자연의 신들도 내가 탄생시켰어요. 바다의 신 폰토스, 산의 신 우레아를 낳았어요. 하늘에도 신이 필요하다는 것을 알고, 하늘의 기운으로 우라노스도 낳았지요. 그리고 우라노스를 남편으로 맞았답니다."

가이아는 프로메테우스 쪽을 보고 말을 이었다.

"우리는 많은 자식을 낳았어요. 헤카톤케이레스 삼 형제, 키클롭스 삼 형제, 그리고 티탄 열두 형제, 모두 나와 우라노스 사이에서 태어난 자식들이랍니다. 저기 있는 프로메테우스도 티탄의 후손이지요.

티탄 형제들은 우리 부부의 자랑이었어요. 몸집이 아주 크고 힘도 셌지요. 그래서 거인이라는 뜻의 '티탄'이라고 불렀답니다."

"다른 삼 형제들은 어땠나요?"

강심자 판사의 물음에 가이아의 입술이 미세하게 떨렸다.

"음……. 헤카톤케이레스 형제들은 힘이 셌고, 키클롭스 형제들은 덩치가 컸어요. 나는 그 아이들도 사랑했지만, 우라노스는 달랐어요. 흉측하게 생겼다며 그 아이들을 한 번도 사랑해 준 적이 없었어요."

"흉측하게 생겼다고요?"

"네, 헤카톤케이레스 형제들은 머리가 오십 개에 팔이 백 개 달려 있어요. 키클롭스 형제들은 눈이 하나뿐이고요.

나는 그 아이들을 생각하면 마음이 아파요. 그 아이들은 강에 비친 자신들의 모습을 보고 자괴감에 빠지기 시작하더니, 갈수록 성격이 포악해졌어요. 사랑으로 감싸 주었다면 괜찮았을 텐데, 아버지 사랑도 못 받다 보니 더욱 엇나갔어요.

　결국 우라노스는 그 아이들을 대지의 가장 깊은 곳, 타르타로스라는 어두운 지하 세계에 가두어 버렸어요. 대지와 한 몸인 내 배 속에 가둔 거예요."

가이아는 몸을 부르르 떨었다.

"아아! 나의 고통은 그때부터였어요. 덩치 큰 아이들이 몸 안에서 움직일 때마다 고통스러웠지요. 무엇보다 울부짖는 소리에 무척 괴로웠답니다. 고통에서 벗어날 방법은 우라노스를 몰아내는 것밖에 없었어요. 그래서 나는 계획을 세웠어요."

"으, 끔찍해!"

이야기를 듣던 사람들이 웅성거렸다.

"자식들의 울부짖는 소리만큼 끔찍한 건 없어!"

가이아가 신경질적으로 소리치자 재판정은 조용해졌다.

"그 뒤에 우라노스는 어떻게 되었나요? 죽었나요?"

강심자 판사는 이야기에 빠져 고개를 쑥 내밀고 물었다.

"아! 하늘의 신이 죽으면 하늘이 무너져요. 우라노스는 죽지는 않았지만, 모든 힘을 잃어버린 채 권력을 크로노스에게 빼앗겼어요. 크로노스가 우라노스를 처치한다면 세상을 다스릴 권력을 주겠다고 내가 약속했거든요. 크로노스도 내게 헤카톤케이레스 형제들과 키클롭스 형제들을 타르타로스에서 구해 주겠다고 약속했고요.

나는 약속대로 크로노스를 우라노스 대신 최고의 신이 되게 했지요. 세상은 크로노스의 것이 되었어요."

가이아의 표정이 어두워졌다.

"우라노스가 상처를 입었을 때 대지로 우라노스의 피가 뚝뚝 떨어졌어요. 그 피의 기운으로 나는 또 다른 아이들을 가지고 말았어요. 복수의 여신 에리니에스 자매들과 거대한 기간테스 형제들이지요. 또 살점과 함께 바다에 뿌려졌던 피는 거품을 일으키며 바다를 떠다니다가 섬에 닿자 여신을 낳았어요. 그 여신이 바로 미와 사랑의 여신, 아프로디테랍니다."

"크로노스는 세상을 잘 다스렸나요?"

강심자 판사의 물음에 가이아는 고개를 저었다.

"약속조차 지키지 않는 신이 세상을 잘 다스릴 리가요. 나는 약속을 지켰지만, 크로노스는 나와의 약속을 지키지 않았거든요. 헤카톤케이레스 형제들과 키클롭스 형제들을 구하겠다는 약속 말이에요.

배신감에 떨던 나는 크로노스에게 불길한 예언을 했어요. '훗날 네 자식들도 너를 쫓아낼 것이다!'라고요. 내 예언이 신경 쓰였던 걸까요? 크로노스는 티탄 형제들만 옆에 두었고, 아이를 낳고도……."

"아이요? 크로노스가 결혼을 했나요?"

"네, 크로노스는 누이인 레아를 아내로 맞아 자식들을 낳았어요. 하지만 아이가 생길 때마다 크로노스는 불안해했고, 결국 참혹한 짓을 저질렀어요. 레아가 아이를 낳으면 바로 삼켜서 자기 몸 안에 넣어 버렸답니다."

"세상에! 아이를 삼켰다고?"

"어떻게 그럴 수 있지?"

사람들이 웅성대자 가이아는 입을 다물었다.

"모두 조용히 해 주세요! 가이아 님, 계속 말씀해 주세요."

 "레아는 다섯 명의 아이를 잃고 나처럼 큰 슬픔에 빠졌어요. 더 이상 자식을 잃고 싶지 않았던 레아는 여섯째 제우스를 가졌을 때, 내게 도움을 청하더군요. 그래서 나는 작전을 세워 주었지요. 일명 아이와 바윗덩어리 바꿔치기 작전이랄까?"
 가이아는 지금껏 볼 수 없던 장난스러운 웃음을 지었다.

아이와 바윗덩어리 바꿔치기 작전

<1단계> 아이를 낳자마자 동굴에 숨긴다.

아가, 조금만 기다리렴.

<2단계> 아이만 한 바윗덩어리를 아이 대신 강보에 싼다.

"내 작전 덕에 제우스는 살아남아 크로노스에게서 도망칠 수 있었어요."

가이아가 자랑스럽게 말했다.

"그 뒤에 제우스는 어떻게 되었나요?"

강심자 판사가 물었다.

"제우스는 동굴에 사는 요정들의 보살핌을 받으며 산양의 젖을 먹고 자랐어요. 청년이 된 제우스가 모든 사실을 알게 되었고, 그길로 지혜로운 충고의 여신 메티스를 찾아갔어요. 메티스는 다른 형제들을 살리려면 자신이 시키는 대로 하라고 했지요."

"메티스도 당신처럼 작전을 세워 주었나요?"

"그런 셈이죠. 일명 토하는 약 먹이기 작전."

토하는 약 먹이기 작전

"그래서요? 크로노스는 어떻게 되었나요?"

"약을 먹은 크로노스는 그동안 삼켰던 것을 다 토해 냈어요. 맨 나중에 삼킨 바윗덩어리부터 다섯 아이까지 차례대로요. 크로노스의 배 속에서 나온 다섯 아이는 갓난아기 그대로 모습이라, 다 자란 제우스가 맏이가 되었답니다.

그 다섯 아이가 바로 바다의 신 포세이돈, 저승의 신 하데스, 화로의 여신 헤스티아, 곡물의 여신 데메테르, 그리고 가정과 결혼의 여신 헤라예요."

"우아! 모두 구해 내다니!"

사람들 틈에서 박수가 터져 나왔다. 제우스는 우쭐한 듯 어깨를 들썩였다.

"신들의 탄생도 그리 쉽지만은 않았네요. 놀랍고 신비한 이야기입니다."

"흠, 이렇게 어렵사리 탄생했으니 나는 제우스가 왕다운 왕이 될 줄 알았어요. 아아! 하지만 제우스도 권력을 가지게 되니 우라노스, 크로노스와 별반 다르지 않았답니다. 제우스는 자신의 자리를 지키기 위해 세 번이나 전쟁을 일으켰어요. 제우스는 그 일에 대한 벌을 받아야 해요."

"아냐!"

제우스가 화를 내며 막대 사탕을 던졌다. 막대 사탕은 번개처럼 번쩍이더니 가이아 옆을 스쳐 벽에 꽂혔다. 놀란 사람들로 재판정은 소란스러워졌다.

탕! 탕! 탕!

 강심자 판사가 판사 봉을 두드리며 조용하라고 소리쳤지만 소용없었다.
 그사이 제우스의 모습이 변해 갔다. 천진하던 남자아이의 모습은 조금씩 소녀의 모습으로 변했다. 소녀의 눈이 날카롭게 가이아를 노려봤다.
 "아니지. 가이아 할머니! 거짓말하면 안 돼! 신들의 전쟁은 내가 아니라 모두 가이아 할머니가 일으켰잖아. 그치? 맞지? 할머니, 사실대로 말해 봐."
 당황한 가이아의 얼굴이 흙빛이 되었다. 가이아는 제우스의 눈치를 살피고는 서둘러 대지 아래로 사라졌다. 가이아가 사라지자 재판정 바닥은 원래대로 바뀌었다. 사람들은 다시 술렁이기 시작했다.
 "잠시 휴정한 뒤, 제우스가 일으켰다는 전쟁 이야기를 들어 보겠습니다."

제우스, 신들의 왕 탄생

 잠시 휴정을 했지만, 자리를 뜨는 사람은 없었다. 모두 제우스의 전쟁에 대한 이야기를 듣고 싶어 하는 표정이었다. 강심자 판사는 물 한 모금 마시고, 다시 재판을 시작했다.
 "제우스, 당신은 왜 세 번이나 전쟁을 일으켰나요? 아니, 가이아가 전쟁을 일으켰다고 했나요? 어쨌든 전쟁은 왜 했습니까? 꼭 필요했던 전쟁입니까?"
 강심자 판사가 물었다.
 "전쟁 싫어. 싸우는 거 싫다고. 맞으면 아프잖아. 아픈 건 싫어."

여자아이로 변한 제우스가 손바닥으로 얼굴을 가렸다. 강심자 판사는 못마땅한 표정으로 고개를 저었다.

보다 못한 프로메테우스가 자리에서 일어나 말을 시작했다.

"저도 첫 번째 전쟁에 참여했습니다. 그러니 제가 말씀드리지요. 제우스와 형제들은 제우스를 중심으로 뭉쳐 아버지 크로노스를 몰아내고, 올림포스산에 궁전을 지었어요. 그곳에서 새로운 신들의 시대를 시작하려 하자 크로노스와 티탄들이 불만을 했지요. 제우스가 세상을 차지하는 걸 보고만 있을 수는 없었던 겁니다."

첫 번째 전쟁, 티탄과의 전쟁

"티탄들이면 가이아와 우라노스 사이에서 태어난 신들을 말하는 거죠? 프로메테우스 당신도 티탄의 후손이니까 제우스와 맞서 싸운 겁니까?"

프로메테우스가 고개를 저었다.

"저는 미래를 알고 예언하는 능력으로, 제우스의 승리를 미리 알고 있었습니다. 그래서 첫 번째 전쟁에서 제우스 편에 섰지요. 하지만 제우스에게 쉽지 않은 전쟁이었어요. 덩치가 큰 티탄들은 엄청난 힘으로 밀어붙였습니다.

밀리던 제우스에게 결정적인 도움을 준 건 메티스 여신의 신탁이었습니다. 타르타로스에 갇힌 헤카톤케이레스 형제들과 키클롭스 형제들을 구하고, 도움을 얻으라는 신탁요."

"크로노스가 타르타로스에서 구하지 않았던 신들이지요?"

"맞아요. 제우스가 그들을 타르타로스에서 구하자 그들은 크게 감동했어요. 그래서 키클롭스 형제들은 무엇이든 만들어 낼 수 있는 능력을 십분 살려 제우스와 포세이돈, 하데스에게 특별한 선물을 했어요.

제우스에게는 하늘을 가르고 대지를 활활 타오르게 할 수 있는 번개와 귀가 먹을 듯이 요란한 천둥을 무기로 주었습니다. 포세이돈에게는 바다를 내리쳐 거대한 파도를 일으킬 수 있는 날

『신들의 재판』카드

제우스 ③

로마 이름: 유피테르
출생: 크로노스와 레아의 아들
특징: 신들과 인간들의 지배자

프로메테우스

출신: 티탄 신족
이름의 뜻: 먼저 생각하는 사람
능력: 앞일을 알 수 있는 예지력

가이아

담당 영역: 대지(땅)
자녀: 티탄, 헤카톤케이레스, 키클롭스 등
특징: 최초의 신

크로노스

출신: 티탄 신족
자녀: 제우스와 형제들
흑역사: 바윗덩어리 삼킨 것

인간의 창조자

인간을 직접 만든 대박 능력자! 하지만 동생의 잘못으로 인간에게 줄 능력이 없자, 인간을 가엾이 여겨 신들의 불을 훔쳐다 준 인간 사랑의 아이콘!

인간 사랑이 부른 참혹한 벌

신들의 불을 훔친 죄로 제우스는 혹독한 벌을 내리는데, 그 벌은 코카서스 바위에 쇠사슬로 묶여 매일 독수리에게 간을 쪼이는 것! 쪼인 간은 밤새 회복되어 다음 날 새롭게 고통받아야 한다.

형제들의 구원자

크로노스 배 안에 있던 형제들을 모두 구출해 낸 형제들의 구원자! 형제들을 이끌고 올림포스산으로 가, 올림포스 신들의 시대를 연 최고의 신!

전쟁으로 권력을 차지하다!

세 차례 전쟁으로 세상을 지배하게 된다. 전쟁 상대는 티탄, 거인족 기간테스, 무시무시한 티폰! 우여곡절 끝에 세 차례 전쟁 모두 제우스의 승리! 제우스가 세상의 중심이 되었다.

한때 최고 권력자가 되다!

우라노스와 가이아의 자식인 티탄 열두 형제 중 막내. 가이아가 우라노스를 몰아내기 위해 낫을 준비했을 때 적극적으로 참여해 우라노스를 몰아낸다. 이로써 세상의 권력 완벽 접수!

가장 무서운 건 자식들!

자식들이 자신을 쫓아낼까 두려운 나머지, 아내 레아가 아이를 낳으면 바로 삼켜 버리는 괴력 발휘! 제우스가 준 토하는 약을 먹고 그동안 삼킨 자식들을 모두 토해 낸다.

만물의 어머니

아무것도 없던 카오스에서 태어나, 맨 처음 세상을 창조한 창조의 여신! 땅과 산, 강을 만들고 자연의 신들도 탄생시킨다.

우라노스를 몰아내게 된 사연

하늘의 신 우라노스를 남편으로 맞아 자식들을 낳지만, 얼마 뒤 아들 크로노스와 손잡고 우라노스를 몰아내는 역대급 혁명을 이룬다. 혁명의 이유는 자식 구출! 하지만 크로노스의 배신으로 자식 구출은 실패한다.

『신들의 재판』카드

레아

출신: 티탄 신족
배우자: 크로노스
자녀: 제우스와 형제들

에피메테우스

이름의 뜻: 뒤늦게 생각하는 사람
가족: 형 프로메테우스, 아내 판도라
성격: 착하지만 어리석음.

판도라

이름의 뜻: 모든 선물을 받은 여인
가족: 남편 에피메테우스, 딸 피르하
특징: 최초의 여인으로 호기심이 많음.

데우칼리온과 피르하

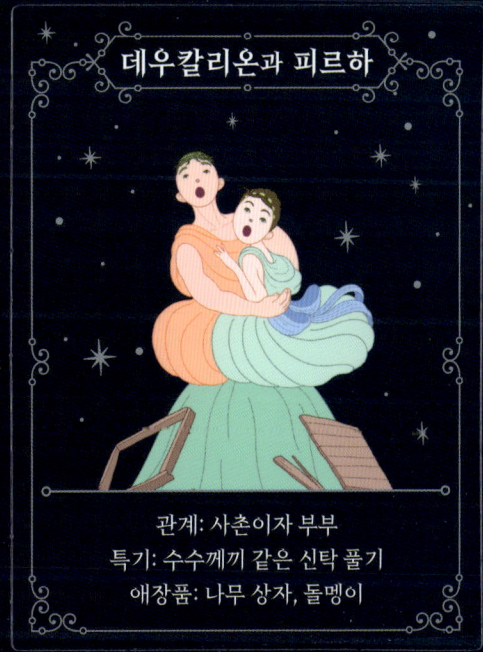

관계: 사촌이자 부부
특기: 수수께끼 같은 신탁 풀기
애장품: 나무 상자, 돌멩이

형과 다른 성격
형 프로메테우스와 달리 미래를 생각하지 못하고, 일을 다 저지른 다음에야 생각한다. 어리석지만 마음은 착한 기분파!

동물에게만 다 퍼 주다 보니!
프로메테우스를 도와 동물들과 인간에게 재주와 능력을 나누어 주는 일을 한다. 하지만 능력을 동물들에게 다 주는 치명적인 실수를 저질러 인간에게 줄 능력이 남지 않게 만든 장본인!

크로노스의 아내
우라노스와 가이아의 딸이자 크로노스의 아내. 크로노스와의 사이에서 자식들을 낳지만, 크로노스가 아이를 삼켜서 자기 몸 안에 넣어 버린다. 다섯 아이를 잃고는 큰 슬픔에 빠진다.

레아의 자식 살리기 작전
여섯째를 가졌을 때 가이아의 도움을 받아 자식을 살리려 계획한다. 갓난아기 대신 바위를 크로노스에게 주어 아기 구출! 이 아기가 바로 제우스! 제우스는 형제들도 모두 구출해 낸다.

대홍수 속 유일한 생존자
제우스가 일으킨 대홍수 속에서 유일하게 살아남은 생존자들이다. 데우칼리온의 아버지 프로메테우스의 충고에 따라 나무 상자에 들어가 있었던 것이 생존 비결!

새로운 인류의 창조자
세상에 단둘만 남은 부부는 새로운 인간을 내려 달라는 소원을 빌어, 수수께끼 같은 신탁을 받는다. 신탁 푸는 특기와 부부 케미를 발휘, 돌멩이를 새로운 인간으로 탄생시킨다.

탄생의 비밀
헤파이스토스가 만든 최초의 여자! 신들이 여러 능력을 주었는데, 아테나는 현명함과 손재주를, 아프로디테는 아름다움과 매력을, 헤르메스는 호기심을 선물했다.

판도라, 상자를 열다!
제우스는 질병, 전쟁, 근심, 걱정, 질투 등이 담긴 상자를 판도라에게 보낸다. 절대 열지 말라면서! 하지만 판도라는 호기심에 상자를 열었고, 결국 세상에 질병과 전쟁, 근심 등이 생겨났다.

카롭고 번쩍이는 삼지창을, 하데스에게는 몸을 투명하게 만드는 투구를 만들어 주었습니다."

"헤카톤케이레스 형제들은 무엇을 했나요?"
"헤카톤케이레스 형제들은 티탄들과 맞서 직접 싸웠습니다. 백 개의 손으로 티탄들에게 거대한 바윗덩어리를 던지며 맞섰지요.

결국 제우스는 십 년간의 싸움에서 승리를 거두었고, 티탄들에게 무시무시한 벌을 내렸습니다. 티탄 아틀라스에게는 영원히 어깨로 하늘을 떠받치고 있게 하고, 나머지 티탄들은 타르타로스에 가두었습니다."

"첫 번째 전쟁은 제우스가 일으켰다고 하기에 무리가 있군요. 물론 가이아가 일으킨 것도 아니고요."

제우스가 손톱을 물어뜯다가 심술 난 표정으로 강심자 판사를 노려보았다.

"제우스, 당신의 두 번째 전쟁은 누구와의 싸움입니까?"

이번에도 제우스는 아무 대답도 하지 않았다. 프로메테우스가 대신 대답했다.

"제우스의 두 번째 전쟁은 거인족과의 전쟁으로 거대한 기간테스들과의 싸움입니다."

두 번째 전쟁, 거인족과의 전쟁

"기간테스라면 우라노스의 피가 대지의 신 가이아에게 떨어져서 태어난 자식들을 말하는 건가요?"

"네, 그렇습니다. 기간테스는 엄청난 힘과 커다란 체구를 가졌습니다. 자신의 고향에서는 결코 죽지 않는다는 전설도 가지고 있었지요. 그러니 올림포스 신들이 기간테스와 맞서 싸워 승리하기는 힘들었죠."

"이번에도 누군가의 도움을 받았나요?"

"네, 인간의 도움을 받았습니다."

"인간의 도움을 받았다고요?"

강심자 판사의 눈이 동그래졌다.

"네. 기간테스와의 전쟁에서 밀리던 제우스는 또다시 신탁을 들었는데, 싸움에서 이기려면 인간의 도움을 받아야 한다는 것이었습니다. 이에 제우스는 싸움을 위한 도구를 얻기 위해 아주 계획적으로 움직였습니다."

인간의 도움을 받으라!

제우스의 인간 병기 획득 작전

〈1단계〉 제우스는 인간 알크메네의 남편으로 변신한다.

〈2단계〉 알크메네를 속여 아이를 갖게 한다.

〈3단계〉 그렇게 반신반인 영웅 헤라클레스를 탄생시킨다.

"쓸쓸하군요. 누군가의 탄생이 전쟁을 위한 것이었다니. 신탁대로 헤라클레스가 전쟁을 승리로 이끌었나요?"

"네, 용맹한 헤라클레스는 기간테스를 고향 밖으로 나오게 해서 활과 몽둥이로 물리쳤습니다. 결국 제우스는 인간의 도움으로 기간테스를 무찌른 것이죠. 그 뒤로 올림포스 신들의 시대가 열렸고 제우스는 올림포스 신들의 왕이 되었습니다.

그리고 또 세 번째 전쟁을 일으킵니다."

쾅!

제우스가 책상을 쳤다.

"전쟁을 일으킨 건 내가 아니라 가이아라고!"

어느새 제우스의 모습은 청년으로 변해 있었다. 청년 제우스의 얼굴에 천진함은 사라졌고 화가 난 듯이 계속 콧김을 내뿜었다. 재판정은 긴장감으로 숨 막히게 조용해졌다.

"두 번째 전쟁은 확실히 가이아가 일으킨 것이다. 내가 티탄들을 타르타로스에 가두자, 화가 난 가이아가 기간테스에게 공격을 명령했던 거야.

가이아는 세상을 자기 마음대로 할 수 없게 될 때마다 전쟁을 일으켜 권력을 바꾸려 했지. 우라노스가 권력을 차지하자 크로노스를 끌어들였고, 약속을 지키지 않은 크로노스는 나를 이용해 벌했어. 가이아는 내가 신들의 왕이 되고 올림포스 신들의 시대가 열리자, 그것도 마음에 들지 않았던 거야. 세상을 자기 마음대로 하려면 나를 없애야 했지."

"그럼 세 번째 전쟁도 가이아가 일으켰다는 건가요?"

강심자 판사가 물었다.

"그렇다. 가이아는 전쟁을 위해 타르타로스와의 사이에서 티폰을 만들어 냈어. 티폰은 무서운 힘을 가진 거대한 괴물이야. 입에서 불이 뿜어져 나오고, 손에는 뱀 백 마리가 꿈틀대고 있었어. 하늘에 닿을 정도로 키가 컸고 양팔을 벌리면 동쪽 끝과 서쪽 끝에 닿았지. 올림포스 신들도 티폰을 보자마자 겁을 먹고 도망갈 정도였어.

나는 도망가지 않은 아테나와 함께 티폰에 맞서 싸웠지. 하지만 정면 대결로는 티폰의 상대가 되지 않았어. 티폰은 내 몸에서 힘줄을 모두 뽑아서는 곰의 가죽으로 감싸 동굴 속에 감추었어. 그때 나는, 이제 내 시대는 끝났다고 생각했지."

여기저기에서 안타까운 탄식이 흘러나왔다.

"죽어 가던 나를 구해 준 건 헤르메스였어."

제우스 눈에 생기가 돌았다.

헤르메스의 제우스 살리기 작전

"다시 일어선 나는 티폰을 물리쳤고, 힘겹게 얻은 권력을 통해 이 세상을 비로소 안정시킬 수 있었던 거야. 지금 세상이 평화로운 건 모두 내 덕이라고."

청년 모습의 제우스는 우쭐한 표정으로 의자에 앉았다.

"음, 그런 일이 있었군요. 그런데 두 분은 처음에 같은 편으로 함께 전쟁을 했는데, 왜 지금은 각자 다른 입장이 되어 이런 재판까지 열게 되었나요? 그사이 무슨 일이 있었던 거죠?"

강심자 판사가 프로메테우스와 제우스를 번갈아 보며 물었다.

"권력을 차지한 제우스도 그의 아버지 크로노스와 똑같은 짓을 저질렀기 때문입니다. 우라노스와 크로노스 모두 생명을 가볍게 여겼습니다. 우라노스는 자식들을 보기 싫다는 이유로, 크로노스는 권력을 지키려는 욕심으로 자식들을 가두었지요. 생명의 소중함과 탄생의 경이로움을 거부한 셈입니다.

제우스도 그리 다르지 않았어요. 제우스는 고귀하게 탄생한 인간들을 다 없애 버리려 했다고요. 신들의 왕답지 못했습니다."

쾅!

청년 제우스가 책상을 치며 일어났다.

"나는 신들의 왕 제우스다. 누구도 날 평가할 수 없어!"
 제우스의 긴 머리카락이 점점 뻗쳐 곤두서더니 머리카락 끝에서 전기가 튀기 시작했다. 전기가 바닥을 타고 사방으로 흘렀다. 사람들은 의자 위로 올라서고 비명을 질러 댔다.
 재판정은 금세 두려움에 휩싸였다.

탕! 탕! 탕!

"잠시 휴정합니다. 제우스! 그만 마음을 가라앉히세요."
 강심자 판사가 급하게 판사 봉을 내려쳤다. 그제야 제우스의 머리카락이 차분히 가라앉았고, 번개는 재판정 바닥으로 스며들었다.

프로메테우스, 인간을 탄생시키다

 대낮임에도 재판정은 어둑어둑해졌다. 전기가 흘렀던 재판정에 더 이상 불이 들어오지 않았다. 제우스의 화난 모습에 사람들의 표정도 한순간 바뀌었다. 신들을 만날 수 있다는 호기심에 반짝거리던 눈빛이 긴장감으로 가득해졌다. 재판정에 횃불을 밝히게 한 강심자 판사도 두렵기는 마찬가지였지만, 떨리는 목소리로 말을 시작했다.
 "자, 이제 제우스가 왜 인간을 없애려 했는지 알아보지요. 제우스, 정말 그런 일을 저질렀습니까?"
 "흥, 아무것도 모르면서. 처음에 인간을 만들라고 한 것도 바로 나라고!"

제우스의 말에 강심자 판사는 프로메테우스를 쳐다보았다.

"네, 제게 인간을 만들라고 말한 건 제우스였습니다. 하지만 직접 만든 건 접니다. 진흙 덩어리를 정성껏 빚어서, 신의 모습을 닮은 인간들을 이 손으로 직접 만들었습니다."

프로메테우스는 손바닥을 펼치고 손가락을 꿈적거렸다. 마치 진흙을 만지듯이 천천히 허공을 쓰다듬었다.

"생명 탄생의 신비로움은 아직 제 손에 남아 있습니다.

흙덩이에서 숨이 터지고, 거칠던 진흙은 매끈한 살결로 바뀌었습니다. 작은 구멍이 우주의 빛깔을 흡수해 반짝이는 눈동자가 되었고, 마침내 단잠에서 깨어나듯 몸을 일으켰습니다.

인간은 저를 보자마자 환하게 웃었습니다. 그 순간 제 눈에 눈물이 멈추지 않더군요. 인간들이 웃고, 뛰어다니고, 잠든 모습을 보는 게 좋았습니다. 그런데……, 그렇게 사랑스러운 인간들이 한순간에 모두 사라졌습니다."

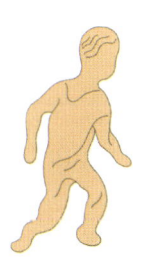

"인간들이 모두 사라진 이유는 뭡니까?"

강심자 판사가 물었다.

"인간들이 불을 가졌다는 이유로 제우스가 대홍수를 일으킨 겁니다."

"그런 이유만으로 사람들을 모두 벌했다고요? 불은 누구나 가질 수 있는 것 아닙니까? 여기 재판정에도 있잖아요. 쉽게 이해가 되지 않는군요. 자세한 이야기 부탁합니다."

"제 동생 에피메테우스가 인간과 동물을 만드는 일을 도와주었습니다. 에피메테우스는 동물들에게 능력을 나눠 주는 일을 했습니다. 새에게는 날개, 사자에게는 날카로운 이빨과 발톱, 거북에게는 딱딱한 등딱지 등을 주었지요. 에피메테우스는 손에 잡히는 대로 아무 계산 없이 퍼 주었습니다."

"이런. 능력이 하나도 남지 않았겠네요."

강심자 판사의 말에 프로메테우스는 고개를 푹 숙였다.

"네. 인간에게 나눠 줘야 할 능력까지 모두 써 버린 거죠. 아무런 능력 없이 나약한 인간들은 그저 동물들의 먹잇감이었어요. 저는 어떻게든 인간들을 돕고 싶었습니다.

생각 끝에 이런 결론을 얻었지요. 인간들이 살아남으려면 꼭 불이 필요하다는. 그래서 저는 인간들에게 불을 주었습니다."

"불은 인간에게 금지된 거야! 불은 신만이 가질 수 있어."

제우스가 버럭 소리를 질렀지만, 프로메테우스는 전혀 주눅 들지 않았다.

"그래서 제게 벌을 주셨잖아요!"

"벌을 받았다고요?"

"네. 제우스는 불을 훔쳐다가 인간에게 줬다는 이유로 제게 벌을 주었습니다. 저는 코카서스 바위에 쇠사슬로 묶여 매일 독수리에게 간을 쪼이는 고통을 받아야 했습니다. 한 번 쪼아 먹히고 끝나면 좋으련만, 제 간은 밤새 온전히 회복되어 다음 날도, 그 다음 날도 계속해서 새롭게 고통받아야 했지요.

제우스는 그것도 모자라 인간들에게는 대홍수를 내렸습니다. 저는 물살에 휩쓸려 사라져 버리는 인간들의 처참한 모습을 눈으로 지켜봐야 했습니다. 독수리 부리에 쪼이는 간보다, 죽어 가던 생명들의 외침이 제 가슴을 더 아프게 만들었습니다."

프로메테우스가 손가락으로 제우스를 가리켰다.

"제우스는 대홍수를 일으켜 그 많은 희생을 치르고도 반성은 커녕 자신이 한 일조차 기억 못 합니다. 생명의 탄생과 죽음을 옷에 묻은 먼지 털어 내듯 쉽게 생각하는 제우스는 반드시 벌을 받아야 합니다."

프로메테우스는 천천히 자리에 앉아 눈을 감았다. 무릎 위에 올린 주먹이 떨리고 있었다.

"피고 제우스는 대홍수로 인간들을 벌한 게 맞습니까?"

강심자 판사가 물었다.

"기억 안 나! 신들에게 과거는 몇천, 몇만 년 전 일이라고. 너는 백 년 전 일을 기억해? 아! 인간들은 백 년도 살기 힘들구나. 미안!"

청년 제우스가 피식 웃음을 지었다.

"그럼 원고 프로메테우스와는 어떤 관계였습니까?"

"아까 얘기했잖아. 프로메테우스는 처음에 우리 편이었다고. 티탄 형제들을 배신하고 내 편에서 싸워 줬어. 미래의 일을 미리 알아서 싸움에 많은 도움을 줬지. 그래서 내가 인간을 만들어 달라고 부탁도 했어.

그런데 그 이후에 달라졌어. 내 미래를 물어도 대답도 안 하고, 소중한 불도 훔쳐 갔어. 게다가 나를 속이고 기만했다고."

"프로메테우스가 제우스를 속이고 기만했다고요?"

"인간들이 신에게 제물을 바칠 때였어. 프로메테우스가 살코기로 감싼 비곗덩어리를 제물로 바치게 하고, 살코기는 인간들에게 먹으라고 했지. 감히 신을 속였어!"

청년 제우스는 심술 난 표정으로 쿵쿵 발을 굴렀다.

"오래전 일인데 잘 기억하네요? 제우스도 기억하고 싶은 것만 기억하는군요?"

강심자 판사의 말에 청년 제우스는 괜히 입을 삐죽였다.
프로메테우스가 자리에서 일어나 말했다.
"제가 독수리에게 간을 쪼이는 고통을 버틸 수 있었던 것은 오늘이 올 것을 알았기 때문입니다. 제우스는 생명을 가볍게 여겨 인간을 멸망시키려 했고, 여러 차례의 전쟁으로 신들까지 없애려 했습니다. 제우스는 전쟁과 폭력에 미친 신입니다."
프로메테우스가 흥분을 가라앉히고 차분한 목소리로 말을 이었다.
"제우스는 인간들을 벌하기 위해 또 다른 일도 저질렀습니다."
"또 다른 벌을 내렸다고요?"
"네. 제우스는 대홍수를 일으키기 전에 또 다른 방법으로 인간을 괴롭혔습니다. 남자만 있던 인간 세상에 최초의 여자 판도라를 만들어 보낸 거예요. 여자의 탄생도 목적을 이루기 위한 수단에 불과했던 것입니다."
"인간을 벌하기 위한 수단으로 여자를 만들었다고요?"
강심자 판사의 말에 방청객들은 씁쓸한 표정을 지었다. 몇몇 여자들은 야유를 쏟아 냈다.
청년 모습의 제우스는 장난스럽게 입술을 씰룩대는 걸로 대답을 대신했다.

여자의 탄생, 판도라

"모든 생명은 존중받아야 합니다. 그런데 여자를 만들어 인간들을 벌하려 했다는 말은 충격적입니다. 자세한 설명 부탁합니다."

강심자 판사가 프로메테우스를 바라보았다.

"생명 탄생의 신비로움을 알지 못하는 자는 생명도 가볍게 여깁니다. 제우스가 그렇습니다.

제우스는 헤파이스토스에게 명령하듯 최초의 여자 판도라를 만들라 했습니다. 판도라는 '모든 선물을 받은 여인'이라는 뜻으로, 신들이 여러 능력을 주었습니다. 아테나는 현명함과 손재주를, 아프로디테는 아름다움과 매력을 선물했고, 거기에 헤르메스가 호기심까지 불어넣어 최초의 여자 판도라를 탄생시켰습니다. 바로 인간을 벌하기 위한 도구로 말입니다."

듣고 있던 청년 제우스가 콧방귀를 뀌며 말했다.

"흥! 이쯤에서 나한테 도움이 될 만한 신을 하나 부르마."

제우스는 판사에게 허락 따위 구하지 않았다. 제우스는 책상에 놓인 컵을 들어 물을 바닥에 쏟았다. 그러자 물이 부풀어 오르며 사람의 모습으로 바뀌어 갔다. 커튼처럼 주름이 지고 기다란 옷을 걸친 신이 나타났다. 바로 프로메테우스의 동생 에피메테우스였다.

"혀, 형!"

에피메테우스는 재판정을 둘러보다 프로메테우스와 눈이 마주치자 고개를 푹 숙였다.

"내가 인간들을 얼마나 사랑하는지 말해 줄 신이 바로 에피메테우스지. 프로메테우스와 형제인데 둘은 정반대야. 형과 달리 미래를 생각하지 못하고, 일을 다 저지른 다음에야 생각하는 에피메테우스지만 그래도 마음만은 참 착해. 그래서 나는 에피메테우스에게 선물 같은 판도라를 보낸 거야."

에피메테우스가 고개를 들어 프로메테우스와 눈을 맞췄다.

"프로메테우스 형님! 제우스가 주는 건 아무것도 받지 말라고 미리 말해 주었는데……. 판도라를 보는 순간 너무 아름다워서…… 제우스가 보낸 판도라를 아내로 맞고 말았어요."

에피메테우스는 고개를 숙이고 머리를 감싸 쥐었다.

"동생아, 그건 네 잘못이 아니야."

제우스는 당당한 표정으로 방청석을 쳐다보았다.

"내 선물은 또 있었어. 나는 에피메테우스를 믿고 인간들을 이롭게 할 상자도 줬지."

"인간들을 이롭게 할 상자는 뭔가요?"

제우스가 웃음을 띠며 대답했다.

"그것은 질병, 전쟁, 근심, 걱정, 질투 등 좋지 않은 것들을 담아 놓은 상자야. 그 상자가 열리면 인간들은 고통에 빠질 게 분명했지. 그래서 에피메테우스에게 줘서 열지 못하게 한 거야."

"제우스로부터 그 상자를 받았나요?"

에피메테우스는 고개를 숙인 채 꺼져 가는 목소리로 대답했다.

"네……, 헤르메스가 가져와서 제 아내 판도라가 받았습니다……. 하지만 그건……."

제우스가 에피메테우스의 말을 자르며 끼어들었다.

"절대 열지 말라고 말했는데, 결국 호기심 많은 판도라가 그 상자를 열었지. 그래서 세상에는 질병과 전쟁, 근심 등이 생겨난 거야. 내 탓이 아니라고. 나는 에피메테우스를 믿고 상자를 주었을 뿐이야.

에피메테우스! 상자에 뭐가 남아 있었지?"

제우스가 에피메테우스에게 물었다.

"희, 희망입니다."

"그것 봐. 내가 인간을 미워했다면 그 상자 안에 희망을 담아 놓았겠어? 나는 인간들에게 희망을 선물한 신이라고. 그 덕에 너희는 온갖 불행에도 살아갈 수 있는 힘이 남아 있는 거잖아."
 프로메테우스가 벌떡 일어났다.

"제우스가 에피메테우스에게 아름다운 판도라를 선물한 것도 모두 계획적으로 한 일입니다. 호기심까지 선물받은 판도라가 상자를 열 거란 걸 미리 알았던 거죠. 인간을 벌하기 위해 생명을 가지고 장난하듯 최초의 여자 판도라를 이용한 것입니다. 이것이야말로 생명을 하찮게 여기는 증거가 아니고 무엇입니까?"

제우스가 의자에서 일어나 소리쳤다.

"프로메테우스, 너 이놈!"

화가 난 제우스는 덩치가 점점 커져 천장에 닿을 것만 같았다. 모습도 점점 노인이 되어 갔다. 얼굴엔 흰 수염이 가득해지고 찡그린 눈썹 사이로 깊은 주름이 잡혔다. 수북하게 자라난 눈썹은 그늘을 만들었다. 어두운 그늘 속에서도 눈빛만큼은 더욱 강렬하게 빛났다. 꿈틀거리는 손가락마다 작은 번개들이 번쩍거리더니 커다란 번개로 합쳐졌다.

제우스의 온몸에서 뿜어져 나오는 서늘한 기운에 방청석 사람들은 점점 뒤로 물러났다. 몇몇은 도망치려고 문 앞으로 달려갔다. 에피메테우스는 어느 틈엔가 사라지고 없었다.

탕! 탕! 탕!

사납게 변한 제우스의 모습에 강심자 판사가 재빨리 판사 봉을 휘둘렀다.

"제우스! 제우스! 그만하세요! 오늘 재판은 여기까지 하고 내일 같은 시간에 다시 열겠습니다. 원고와 피고 모두 마음을 진정하시고 내일 다시 뵙겠습니다."

강심자 판사는 서둘러 사람들을 재판정 밖으로 내보냈다. 재판정에는 강심자 판사와 프로메테우스, 그리고 제우스만 남았다. 판사는 양쪽을 살피며 긴장감에 몸을 떨었다.

화르륵!

한순간 제우스의 몸이 불에 타올라 연기로 바뀌었다. 연기는 흩어지나 싶더니 프로메테우스의 몸을 한 번 휘감고 천장으로 스며들어 사라졌다. 긴장한 프로메테우스는 침을 꿀꺽 삼켰다.

새로운 인간의 탄생, 새로운 시작

다음 날, 재판이 다시 열렸다. 재판 마지막 날이었다.

제우스의 분노 탓일까? 맑던 하늘은 금방 먹구름이 몰려왔고, 태풍이 올 듯 거센 비바람이 불어왔다. 좋지 않은 날씨에도 앞으로 벌어질 일에 대한 관심과 걱정으로 재판정 주위에는 더 많은 사람들이 몰려들었다.

"원고, 피고 모두 참석했으니 재판을 시작하겠습니다. 이제 대홍수와 새로운 인간의 탄생에 직접 관계된 두 분, 데우칼리온과 피르하를 만나 보겠습니다."

강심자 판사가 말했다.

데우칼리온과 피르하가 재판에 온다고 하자 사람들은 환호했다. 지금의 인간을 있게 한 그들을 볼 수 있다는 것만으로도 가슴 벅찬 일이었다.

재판정 문이 열리고 데우칼리온과 피르하가 들어섰다.

둘은 부부였다. 데우칼리온은 프로메테우스의 아들이었고, 피르하는 에피메테우스와 판도라 사이에 태어난 딸이었다. 사람들은 모두 일어나 그들에게 깊이 고개를 숙여 감사를 전했다. 대홍수에서 살아남은 데우칼리온과 피르하가 지금의 새로운 인간들을 창조했기 때문이다.

"어떻게 대홍수에서 두 분만 살아남을 수 있었습니까?"

강심자 판사의 물음에 데우칼리온이 일어났다.

"아버지 프로메테우스가 미리 대홍수를 예언해 주었습니다. 프로메테우스는 나무 상자를 만들어 필요한 것을 다 넣고 그 안에서 홍수를 피하라고 했어요. 우리 부부는 사람들에게 그 사실을 알렸지만, 구름 한 점 없는 하늘을 보며 그 누구도 대홍수를 걱정하지 않더군요. 어쩔 수 없이 우리 부부만 나무 상자에 들어갔습니다."

사람들은 숨죽이며 이야기를 들었다.

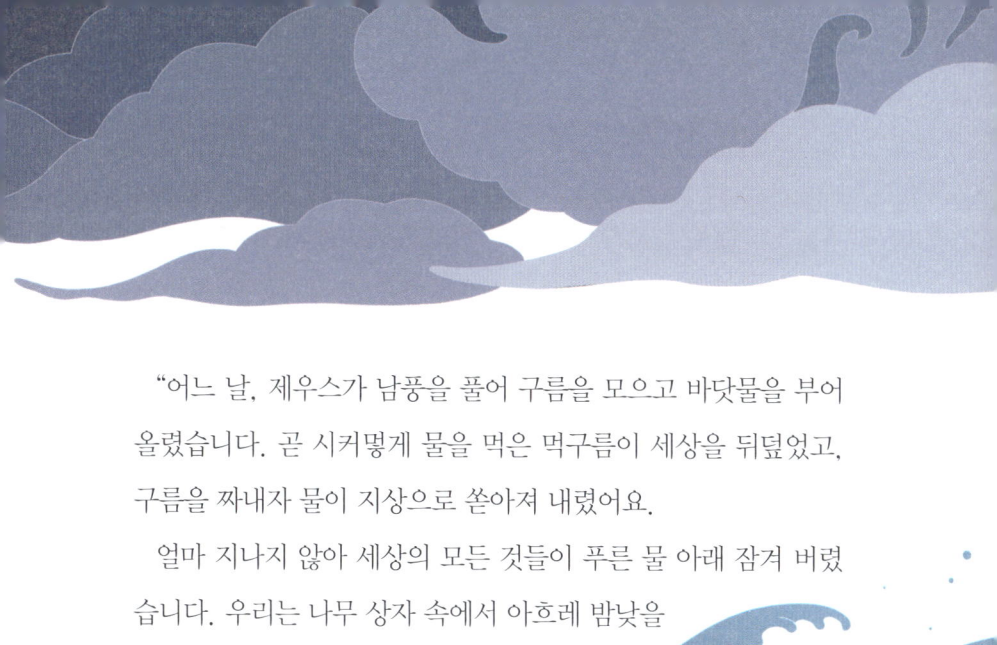

"어느 날, 제우스가 남풍을 풀어 구름을 모으고 바닷물을 부어 올렸습니다. 곧 시커멓게 물을 먹은 먹구름이 세상을 뒤덮었고, 구름을 짜내자 물이 지상으로 쏟아져 내렸어요.

얼마 지나지 않아 세상의 모든 것들이 푸른 물 아래 잠겨 버렸습니다. 우리는 나무 상자 속에서 아흐레 밤낮을 물결을 타고 떠다녔어요."

데우칼리온은 말을 이어 갔다.
"물결이 잔잔해졌을 때 나무 상자가 닿은 곳은 세상에서 가장 높은 테살리아산 꼭대기였어요. 나무 상자에서 나와 보니, 세상엔 아무것도 남아 있지 않았어요. 우리 부부만 살아남은 거지요."
그때가 생각난 듯 데우칼리온과 피르하는 두 손을 마주 잡았다.

"그 후에 어떻게 새로운 인간들을 만들어 냈습니까?"

강심자 판사가 물었다.

"우리는 어찌할 바를 모르고 멍하니 앉아 있었습니다. 그때 누군가의 발소리가 들렸습니다. 제우스의 전령, 헤르메스였지요. 헤르메스는 제우스의 말을 전해 주었습니다.

'유일하게 살아남은 인간들이여, 소원 한 가지를 들어줄 테니 말해 보아라.'

우리에게는 딱 한 가지의 소원밖에 없었습니다.

'새로운 동반자들을 허락해 주십시오.'

그러자 제우스는 수수께끼 같은 신탁을 주었어요.

> 너희는 머리를 가리고 옷의 띠를 푼 다음,
> 위대한 어머니의 뼈를 등 뒤로 던지도록 하라.

처음에는 무슨 말인지 몰랐습니다. 우리는 오랜 고민 끝에 해답을 찾았습니다. 위대한 어머니는 대지의 여신 가이아를 말하는 것이니 곧 땅을 얘기하는 것이고, 뼈는 땅속에 있는 돌일 거라 생각했습니다."

"그래서 어떻게 했나요?"

"그렇다면 제우스가 새로운 인간의 탄생을 도운 거네요."

제우스에게 사람들의 시선이 모이자 제우스는 어깨를 으쓱해 보였다.

"그럼 동물들은 누가 만들었나요?"

강심자 판사가 호기심 어린 눈으로 물었다.

"동물들은 대지가 낳았습니다. 따스한 햇볕이 진흙을 데우자 생명을 품은 씨앗이 습기 찬 땅에서 물기를 머금고 성장하여 동물로 태어났습니다."

피르하가 대답했다.

"네. 정말 모든 탄생은 신비롭기만 합니다. 끔찍했던 대홍수 이야기를 들려주셔서 감사합니다."

데우칼리온과 피르하는 프로메테우스와 눈을 맞추고 재판정을 빠져나갔다. 사람들이 모두 일어나 고개를 숙였다.

강심자 판사는 생각에 잠겼다. 증인 이야기까지 모두 들었으니, 이제 슬슬 재판을 마무리할 때였다. 강심자 판사는 마른침을 삼키고 큰 소리로 말했다.

"재판이 한없이 길어질 수 없으니 이쯤에서 최후의 변론을 듣는 게 좋겠습니다. 피고 제우스는 마지막 변론을 해 주십시오."

사람들의 시선이 한꺼번에 제우스에게 쏠렸다.

"변론? 변명? 나보고? 푸하하하! 나는 신들의 왕이다. 왕답게 너희들에게 경고하지."

제우스의 낮은 목소리에서 서늘함이 느껴졌다.

"불이 전해지자 인간들은 욕심이 생겼다. 전쟁을 벌였고, 서로를 죽이고, 빼앗기 시작했다.

처음에는 죄를 지은 인간들을 하나하나 벌했다. 하지만 그 정도로 정신을 차릴 인간들이 아니었다. 그대로 두면 인간들은 영원히 고통 속에 살 것 같았다.

인간들에게 축복은 황금시대로 다시 돌아가는 것이다. 아무 걱정 근심이 없고, 죽지도 않으며, 곡식이 저절로 자라나는 황금시대로 가려면 욕심에 빠진 인간들을 모두 대홍수로 없애야만 했다. 새로운 인간들이 필요했던 것이다."

제우스의 말을 듣던 사람들은 숨소리도 크게 내지 못했다.

"지금 다시 선택하라고 해도 나는 변함이 없다. 내 선택에 대해 인간인 너희가 단 한마디라도 벌이나 책임을 말한다면, 인간들에게 또다시 엄한 벌을 줄 것이다."

강심자 판사는 제우스의 경고에 두려움을 느꼈다. 손에서 땀이 나고 심장이 두근거렸다.

그래도 재판은 멈출 수 없었다.

이제 판결을 내려야 할 시간이었다. 강심자 판사는 이마에 흐르는 땀을 닦아 냈다.

"그, 그럼 판결을 내리도록 하겠습니다."

웅성거리던 사람들은 쥐 죽은 듯이 조용해졌다. 과연 어떤 판결이 나올지 전 세계 사람들의 눈과 귀가 모두 강심자 판사를 향했다.

"돌을 등 뒤로 넘겨 생명을 탄생시킨 일은 돌조차 생명을 잉태할 수 있는 소중한 존재란 사실을 말해 줍니다. 돌, 나무, 풀 같은 이 세상 자연의 모든 것들은 가치를 따질 수 없을 만큼 소중합니다. 하물며 생명을 품은 존재들은 더하지 않을까요?

생명을 창조할 수 있는 능력을 가진 신이라도 전쟁과 대홍수를 일으켜 수많은 생명을 빼앗는 것은 큰 죄입니다. 또한 신들의 전쟁이 어쩔 수 없는 것이었다 하더라도 인간을 이용하고 생명을 가볍게 여긴 것도 죄입니다.

따라서 저희 인간들은 제우스 신에게 이와 같은 형벌을 내립니다."

제우스는 날카로운 눈빛으로 강심자 판사를 바라보며 말했다.

"후회할 텐데."

강심자 판사는 침을 삼키고 판결을 내렸다.

제우스에게 인간 재판 최고형인
무기 징역, 평생 동안 감금을 명합니다.
물론 인간들에게 제우스를 가둘 능력은
없습니다. 다만 재판 과정을 통해
제우스가 생명의 소중함을 알고
잘못을 뉘우치며 스스로
올림포스산에만 머물기를 바랍니다.

탕! 탕! 탕!

강심자 판사가 판사 봉을 힘차게 내려쳤다. 재판정 안팎의 사람들이 환호성을 질렀다. 하지만 사람들의 함성은 곧 바람과 빗소리에 잠겼다.
심상치 않던 검은 구름이 겹겹이 하늘을 둘러싸고, 건물을 날려 버릴 듯 비바람이 휘몰아치기 시작했다.

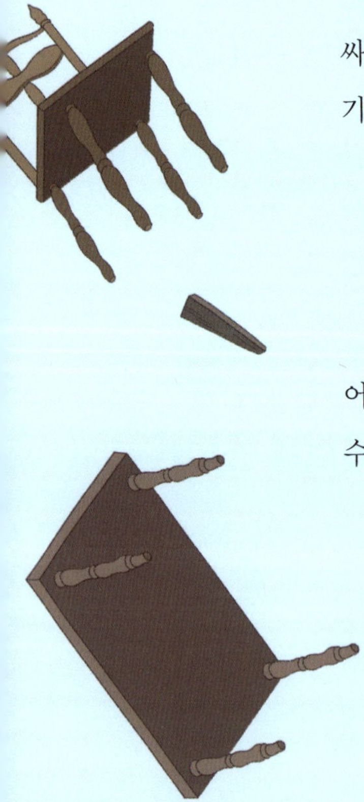

철컥! 철컥!

재판정 문이 잠겼다. 당황한 사람들이 문을 밀어 보았지만, 꿈쩍도 하지 않았다. 아무도 나갈 수 없었다.

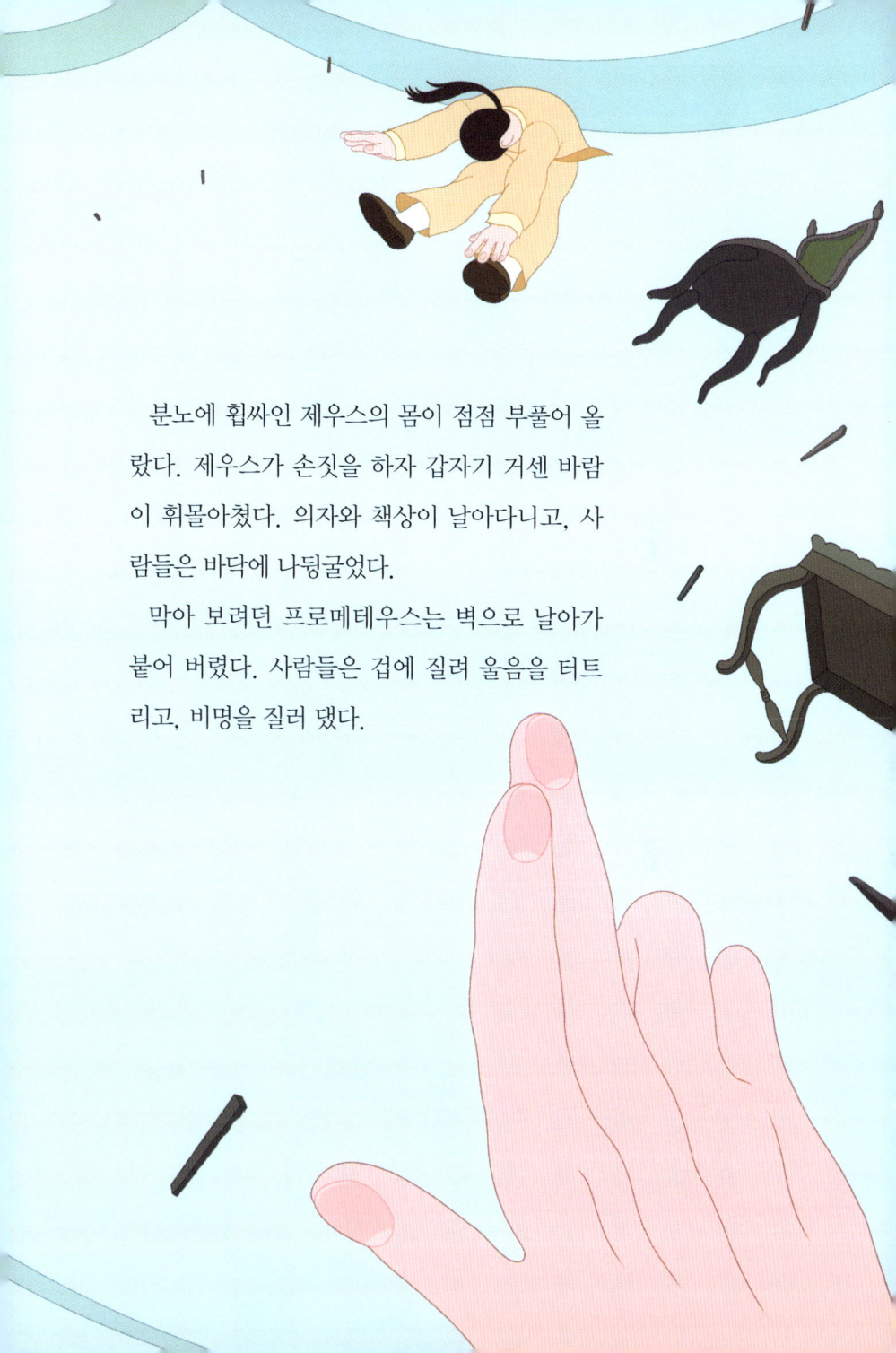

　분노에 휩싸인 제우스의 몸이 점점 부풀어 올랐다. 제우스가 손짓을 하자 갑자기 거센 바람이 휘몰아쳤다. 의자와 책상이 날아다니고, 사람들은 바닥에 나뒹굴었다.
　막아 보려던 프로메테우스는 벽으로 날아가 붙어 버렸다. 사람들은 겁에 질려 울음을 터트리고, 비명을 질러 댔다.

"제우스, 내 말 좀 들어 보세요."

강심자 판사가 바람을 뚫고 힘겹게 제우스 앞으로 걸어 나왔다.

"우리는 더 이상 어떤 생명의 희생도 없길 바랍니다. 우리 인간들은 늘 죽음과 맞서 싸우며 생명의 소중함을 배워 왔어요. 죽지 않는 삶을 사는 신들은 알지 못하는 생명의 가치를 늘 깊이 새겨 왔지요.

이 세상에는 온갖 생명들이 존재합니다. 이 생명들은 서로 얽히고설켜 있어, 어느 하나가 사라지기 시작하면 연쇄적으로 다 사라지게 될 것입니다.

그러니 생명의 존엄성을 무시한다는 건 세상 자체를 거부하는 일입니다. 세상이 없다면 신도 사라지고, 혼란과 무질서 상태인 카오스 시대로 돌아가고 말 것입니다."

강심자 판사가 재판정 안을 손으로 가리켰다.

"저기를 보세요, 제우스!"

나뒹구는 의자와 책상 사이에 피를 흘리며 한 할머니가 쓰러져 있었다. 사람들은 할머니에게로 모여들었다. 다리를 절뚝이는 사람도 있었고, 팔을 다친 사람도 있었다. 하지만 자신의 상처 따위는 아무것도 아니었다.

사람들은 힘을 합쳐 할머니를 업고, 거센 바람을 버티며 문으로 향했다. 누군가는 닫힌 문을 열려고 자신의 몸을 던졌다. 생명을 살리기 위해 인간들은 모두 하나가 되었다.

그 모습을 멍하니 바라보던 제우스는 깊은 생각에 빠졌다. 자신의 이익만을 챙기려고 싸움을 하던 인간들의 모습이 아니었다. 생명을 살리기 위해 애쓰는 사람들의 모습이 놀라웠다.

한참 만에 제우스는 구름을 거두어들였다. 그러자 재판정을 휘몰아치던 바람은 잦아들었고, 닫혀 있던 문도 열렸다.

"생명의 소중함, 그런 건 관심조차 없었다. 욕심이 생긴 인간은 모두 없애 버리는 것만이 인간을 위한 길이라 생각했다.

하지만 서로를 위하며 생명을 존중하는 인간들의 모습이 놀랍기는 하구나. 생명들이 모여 세상을 지탱하고 있으며, 그 세상이 있어야 신들도 있다는 것도 새삼 느꼈다.

좋다, 한동안 올림포스산에만 머물며 인간들을 지켜보겠다. 언젠가 인간들이 생명을 가볍게 여기는 시대가 온다면, 그때 다시 신들이 인간 위에 설 것이다!"

제우스는 짧은 말을 남기고, 한순간 연기가 되어 천장으로 사라졌다.

어차피 인간이 신을 재판한다는 것은 무리였다. 프로메테우스는 재판을 통해 신과 인간 모두가 생명의 소중함을 깨닫기를 바랄 뿐이었다.

프로메테우스가 강심자 판사와 눈을 맞추며 살짝 미소 지었다.

검은 구름은 빠르게 사라지고, 휘몰아치던 바람은 살랑살랑 대지에 내려앉았다. 서쪽 하늘로 노을이 붉게 물들었다.

계보에서 찾아라!

- 우라노스
  - 아프로디테
  - 기간테스
  - 에리니에스
  - 키클롭스 삼 형제
  - 헤카톤케이레스 삼 형제
  - 아틀라스
  - 프로메테우스
    - 데우칼리온
  - 에피메테우스
    - 피르하

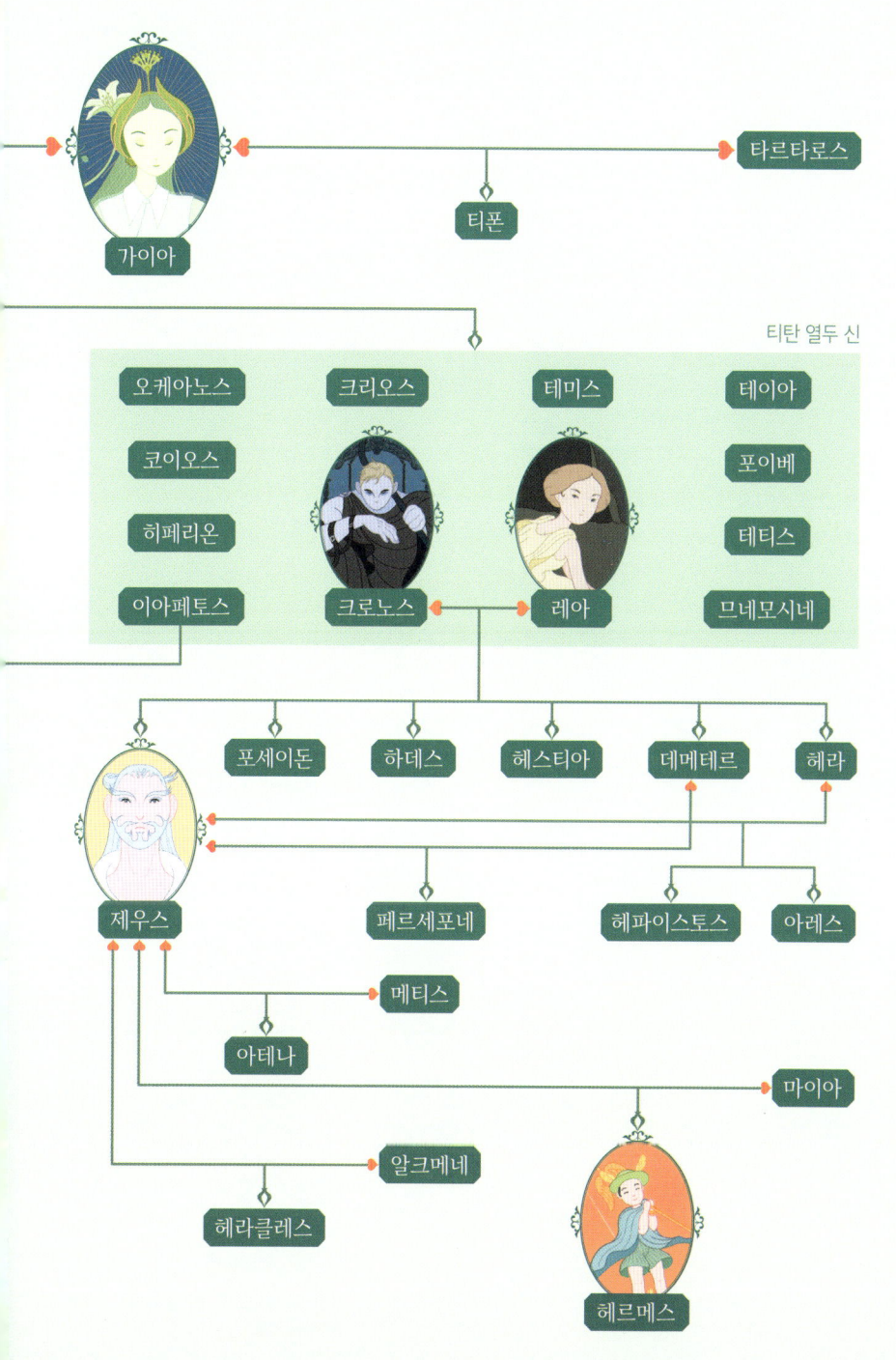

글 **김태호**

동화 「기다려!」로 창비어린이 신인문학상을 받으며 작품 활동을 시작했고,
「제후의 선택」으로 제17회 문학동네 어린이문학상 대상을 수상했습니다.
쓴 책으로는 동화 『네모 돼지』, 『제후의 선택』, 『복희탕의 비밀』, 『일 퍼센트』,
그림책 『신호등 특공대』, 『삐딱이를 찾아라』, 청소년 소설 『별을 지키는 아이들』
등이 있습니다.

그림 **이로우**

자연과 상상으로부터 영감을 얻어 꿈과 현실의 사이를 그림으로 표현합니다.
전시, 상품 제작 등 개인 작업과 더불어 출판, 광고, 음반, 패션 등 다양한
기업과 협업하고 있습니다. 브랜드와 축제의 아트 디렉팅을 담당했으며,
다수의 책 표지와 삽화를 그렸습니다.

감수 **김길수**

건국대학교 철학과를 졸업하고, 같은 학교 대학원에서 박사 학위를
받았습니다. 현재 건국대학교 문과대학 교수로 학생들을 가르치고 있습니다.
'EBS 지식의 기쁨' 프로그램의 '상징으로 보는 그리스 로마 신화' 강의를 했고,
쓴 책으로는 『다시 쓰는 그리스 신화』 등이 있습니다.